# Los 4 Pilares de un Agente de Bienes Raíces
# EXTRAORDINARIO

### Por: Marcos J. Urbina

Copyright © 2023 Marcos Urbina
Todos los derechos reservados.
ISBN: 979-8-218-28797-9

## AVISO LEGAL

Al adquirir este libro, el derecho de redistribuir el material escrito NO se transfiere al lector. El lector acepta no redistribuir, copiar, modificar, o explotar comercialmente cualquier material encontrado en este documento.

El contenido publicado en este documento es únicamente con fines informativos y no debe interpretarse como exclusivo para comprar o vender cualquier transacción comercial. El Autor, y /o cualquier otra persona relacionada con el mismo, no representa ni garantiza que cualquier contenido de este documento es exacto o específico para determinada transacción. Ninguna información contenida en este documento está destinada a sustituir el consejo legal, fiscal, contable u otro consejo profesional y no se debe basar únicamente en el contenido proporcionado en este ejemplar para la toma de decisiones financieras.

El lector debe consultar con un profesional adecuado para obtener consejos específicos en la inversión designada antes de tomar cualquier decisión de inversión.

**INDEMNIZACIÓN.** El lector se compromete a mantener al autor de esta obra libre de cualquier reclamo, demanda o daño, incluyendo honorarios razonables de abogados.

**DERECHOS DE AUTOR.** El producto, sitio web y herramientas están protegidos por derechos de autor y disposiciones de tratados internacionales, por lo tanto, no pueden ser copiados o imitados de forma total o parcial. Ningún logotipo, marca registrada, gráfica o imagen, puede ser copiada o retransmitida sin el permiso expreso por escrito de MARCOS J. URBINA. Todos los logotipos asociados son marcas registradas y no pueden ser copiados o transmitidos sin la expresa autorización por escrito del autor.

# ÍNDICE:

| | |
|---|---|
| Acerca del autor | 07 |
| Agradecimientos | 08 |
| Prólogo del autor | 10 |
| Promover | 13 |
| Prospectar | 29 |
| Convertir | 34 |
| Hacer seguimiento | 42 |
| Destacados | 48 |
| Glosario de términos | 51 |
| Epilogo | 58 |

### ACERCA DEL AUTOR:

Soy un inmigrante venezolano que vive en los Estados Unidos desde el 1998. Desde que llegué, me he dedicado a los negocios en general, con una mente emprendedora que me ha impulsado a crear mis propias oportunidades. Me encanta estudiar y aprender sobre los nuevos negocios, la tecnología, las ideas innovadoras y los emprendimientos. Me apasiona el desarrollo personal, la comunicación y el éxito financiero y laboral de las personas. Me considero un motivador natural, que siempre busca ayudar a otros a crecer y a alcanzar sus metas. Dondequiera que voy, comparto mi entusiasmo y mi gratitud por la vida. Esta es mi filosofía de trabajo: ganar-ganar.

Creo que siempre hay una solución para cada problema y que nunca hay que rendirse ante los obstáculos. Esta es la actitud que me ha permitido superar los desafíos y lograr mis sueños.

## Agradecimientos:

Crecí en el seno de una familia profundamente católica, esto me permitió conocer el poder de la oración, la importancia de los mandamientos y el temor a Dios. Siempre viviré agradecido con El Nazareno de San Carlos, lo digo desde el fondo de mi corazón. Es una figura religiosa que sembró en mí, como sé que, en muchos miembros de mi familia, un profundo amor por la religión, por el sentido del agradecimiento, por la alegría de vivir y por la simplicidad de la vida.

Hasta el día de hoy todavía cierro los ojos y veo su rostro como un mensaje de seguridad, como una guía que me recuerda que si tenemos fe en Dios no hay nada de lo que debamos temer, solo debemos amar la vida, amar al prójimo y vivir bajo nuestros principios de amor, lealtad y respeto. La vida me ha dado tantas bendiciones que tendría que escribir otro libro solo para mencionar los agradecimientos de tantas personas que me han influenciado en cada proceso de mi vida y aunque los recuerdo perfectamente voy a resumir como entiendo abreviaría cualquier autor principiante como yo.

Comienzo por mis padres que no solo me dieron la vida, me enseñaron lo importante de la unión familiar, el amor, el respeto a la pareja y el servicio. Mis hermanos que me motivan a seguir siendo el alma de la fiesta de mi casa y gracias a ellos logré desarrollar muchas de las habilidades que hoy comparto en este libro. A mi esposa Rosana la que por mis habilidades de arrocero (que se colea en las fiestas sin invitación) me permitió encontrarme con ella en su fiesta de 15 años y desde ese día nunca más la saqué de mi mente. Con ella crecí y maduré lo más que pude; ella me motiva a ser mejor cada día. Discutimos sobre todo lo que una pareja que se ama puede discutir y cada discusión me saca canas, pero me ayuda a revelar esa personalidad que necesita enfrentarse al mundo real y no fantástico que siempre creo que es. Gracias a ella también me convertí en el padre de Sebastián y Marcos, unos jóvenes que me motivan a seguir batallando, aprendiendo y desarrollando como ser humano y quienes, junto el pequeño Adrián José (AJ) que cuando juego con él y logro llamar su atención, me cautiva con su inteligencia, alegría, pero sobre todo con su energía. También a Mateo, Victoria, Huascar, Camila, Valentina, Luciano y el gordo Saúl me han hecho comprometerme conmigo mismo para continuar estudiando, aprendiendo, motivando, pero sobre todo compartiendo mi carisma con ellos para que puedan sentir la importancia de ser felices por encima de cualquier cosa.

Agradezco a mi equipo de trabajo que llevamos tanto tiempo laborando juntos; en ocasiones pienso que lo hacen porque consideran estar pagando una penitencia de tanto que los inquieto con mis ideas y pensamientos. A todos mis compañeros de trabajo que sin su conocimiento, entrevistas, éxitos y reveses no hubiese sentido la necesidad de escribir esto. Agradezco a los que aportaron y a los que no, porque de todo tipo de personas se debe aprender en esta vida lo esencialmente importante, que con lo que puedas ir recolectando en la vida, puedes hacer cosas cada vez mejores y así puedas convertirte en una persona extraordinaria.

## PRÓLOGO DEL AUTOR

¡Eso suena emocionante! Definir los pilares fundamentales de un agente de bienes raíces extraordinario es un gran logro. Desarrollar un libro sobre estos temas me ha permitido compartir mis conocimientos y experiencias con otros profesionales del sector, dejando en evidencia que la importancia de la actitud en el proceso de crecimiento es tan necesaria como el conocimiento y las experiencias en la industria de bienes raíces. Agentes nuevos vienen y van, otros nos quedamos aquí para siempre. Después de haber entrevistado a muchos de ellos, hoy siento la motivación de dejar evidencia de lo que he encontrado y espero que lo puedan aprovechar tanto como yo.

*"EN TIEMPOS DE CAMBIO QUIENES ESTÉN ABIERTOS AL APRENDIZAJE SE APODERARON DEL FUTURO MIENTRAS QUE AQUELLOS QUE CREEN SABERLO TODO ESTARÁN EQUIPADOS PARA UN MUNDO QUE YA NO EXISTE"*

-ERIC HOFFER

**Queridos lectores,**

Es un honor presentarles este libro, "Los 4 Pilares Fundamentales de un Agente de Bienes Raíces Extraordinario". A lo largo de mi trayectoria en la industria inmobiliaria y tras implementar numerosos talleres de coaching y mentoría, me he enfrentado a una problemática que no deja de resonar en el corazón de este negocio en constante evolución.

Este ejemplar no solo es un compendio de conocimientos y estrategias, sino también una mirada profunda a la situación que enfrentan muchos agentes experimentados en la actualidad. Me he adentrado en la realidad de profesionales con años de experiencia y conocimiento, individuos que han demostrado su valía en el mercado inmobiliario tradicional. Sin embargo, una problemática persiste y se hace evidente: la dificultad en adaptarse y aprovechar las herramientas tecnológicas y las nuevas formas de trabajo.

La cuestión es clara: los avances tecnológicos están transformando rápidamente la manera que operamos en esta industria. La tecnología no solo agiliza procesos, sino que también expande los horizontes y posibilidades de negocio. Pero, ¿qué sucede cuando un agente con años de experiencia se enfrenta a estas innovaciones? Las dificultades emergen, la adaptación se convierte en un reto y, en ocasiones, el conocimiento y la experiencia acumulada parecen insuficientes para abrazar el cambio.

Este libro busca sumergir al lector en esta problemática, permitiéndole identificarse con ella, entenderla y, lo más importante, encontrar la motivación para abrazar una transformación personal. Los 4 pilares que presentamos aquí no solo son estrategias, sino principios que guían la evolución del agente de bienes raíces. Estos pilares, **Promover, Prospectar, Convertir y Hacer Seguimiento**, son la brújula que orienta al agente hacia la conquista de la tecnología, el aprendizaje constante y la adaptabilidad necesaria para sobresalir en este nuevo panorama.

Encontramos que incluso los agentes más jóvenes, sin la carga de años de experiencia, están logrando resultados sorprendentes. ¿Su secreto? Están abiertos al aprendizaje, son humildes al reconocer que no pueden hacerlo solos y valoran el conocimiento y la experiencia de quienes ya han recorrido el camino. Este libro no solo se centra en la tecnología, sino en el factor humano, en la mentalidad abierta y en la disposición para crecer.

Así que los invito a sumergirse en este libro, a explorar las dificultades que muchos enfrentan y a visualizar cómo los 4 pilares pueden transformar sus carreras y sus vidas. Este es un llamado a la acción, a la adaptación, a la apertura al aprendizaje y al reconocimiento de que el conocimiento, la experiencia y la tecnología son aliados que pueden impulsarnos a ser agentes extraordinarios en esta nueva era inmobiliaria.

Con entusiasmo,

**Marcos Urbina**
*Autor de "Los 4 Pilares Fundamentales de un Agente de Bienes Raíces Extraordinario*

## CAPÍTULO 1:
# Promover

Cuando hablo de promoción un agente de ventas, lo primero que necesita es promoverse, dejarle saber a todo el mundo lo que ha decidido hacer, el producto que ha decidido promocionar o el servicio por el que se ha preparado profesionalmente para vender. Si es un asesor, o un vendedor, el principio fundamental de la promoción es el mismo, ahora más allá de las actividades, el producto o el servicio que hayamos decidido vender, lo más importante es asegurarnos de tener la certeza de que yo voy a hacer lo mejor de mí para ser el mejor ofreciendo y vendiendo, (DO YOUR BEST TO BE THE BEST). De nada vale tener en tus manos el mejor producto del mundo si tú mismo no confías en él.

Las personas somos como los animales cuando estamos al frente de alguien que no confía plenamente en su producto o servicio, eso se percibe, se huele en el ambiente como cuando los animales presienten el miedo porque para trabajar en ventas se requiere de una fuerza mental extraordinaria, tener una visión positiva de las cosas, poder prepararse mentalmente para anticiparse al futuro y ser optimista siempre para conectarse con las fuerzas mayores que dominan el universo. Quien ignore la importancia de los pensamientos y las emociones en los procesos de venta estaría faltando a un precepto divino.

Así como el amor y el agradecimiento son atributos con los que las personas nacemos, no todos por circunstancias de la vida logramos desarrollarlos al máximo del potencial, la buena noticia es que esto es algo que se puede desarrollar con el tiempo, el estudio, el conocimiento de las cosas, pero la atención que requiere ese proceso de madurez donde vamos creciendo y vamos entendiendo muchas cosas nos ayuda también a crecer y mejorar, entre las herramientas de promoción en el negocio de Bienes raíces están:

desde la más moderna hasta la más antigua todas son importantes, todas nos ayudan a desarrollar una personalidad que nos sirve para ser mucho más efectivo, en general ser extraordinarios, en este material hemos querido desarrollar de una manera armónica un paseo por estas herramientas desde las más tradicionales hasta las más modernas y como un agente de bienes raíces extraordinario necesita estar abierto al diálogo, al conocimiento, y la puesta en práctica de las actividades.

Con mucha curiosidad he podido notar como agentes de bienes raíces con más de 15 años de experiencia están literalmente pasando trabajo tratando de implementar las herramientas tradicionales en el mundo de hoy o incluso esperando resultados de las herramientas actuales tal y como estaban acostumbrados a verlos en el pasado. En este capítulo quiero retarlos a autoevaluarnos y al final hagamos un ejercicio de conciencia, pero te advierto que el resultado solo lo vas a saber tú, así que asegúrate de ser lo suficientemente honesto contigo mismo para poder sacarle el mejor provecho a este libro.

**Estrategias de marketing tradicionales**

En este primer capítulo, exploraremos las estrategias tradicionales de marketing que han sido fundamentales en la industria de bienes raíces. Discutiremos cómo los agentes han promovido propiedades a lo largo de los años utilizando métodos como carteles, anuncios en periódicos y ferias de vivienda. Y si por alguna casualidad sientes que la manera como las abordamos es breve, pues déjame decirte que estás completamente en lo correcto y no se trata de restarle importancia, sino más bien de darles el reconocimiento que ellas merecen y la inclusión en este libro para que a medida que vayamos explorando las estrategias más modernas, nos daremos cuenta de que el objetivo es el mismo.

- **Anuncios en periódicos, revistas y panfletos:**
Poner anuncios locales o de circulación amplia es una estrategia tradicional para llegar a una audiencia local. Los anuncios pueden incluir propiedades en venta o en alquiler, así como los servicios del agente.

- **Carteles en propiedades:**
Situar carteles en las propiedades en venta o en alquiler, es una forma efectiva de atraer la atención de personas que transitan cerca. Los avisos generalmente contienen información básica sobre la propiedad y los datos de contacto del agente.

- **Participación en ferias de vivienda:**
Asistir a ferias de vivienda y exposiciones inmobiliarias es una estrategia para interactuar directamente con posibles compradores o vendedores. Estos eventos brindan la oportunidad de mostrar propiedades y establecer conexiones personales.

- **Boca a boca:**
La recomendación personal es una estrategia poderosa. Los agentes exitosos se benefician del boca a boca positivo de sus clientes satisfechos. Ofrecer un excelente servicio al cliente puede generar recomendaciones valiosas.

- **Envío de folletos y volantes:**
El envío de folletos y volantes por correo tradicional es otra estrategia para llegar a propietarios y posibles compradores. Estos materiales pueden destacar propiedades en venta, servicios de agente y consejos útiles para el mercado inmobiliario.

Estas estrategias tradicionales han sido utilizadas durante años en la industria inmobiliaria para promover propiedades y servicios. Sin embargo, es importante tener en cuenta que, en la actualidad, muchas de estas estrategias pueden ser complementadas con enfoques digitales para llegar a una audiencia más amplia y diversa.

### Adopción de tecnologías modernas

En la era digital actual, es esencial abrazar la tecnología para promover propiedades de manera efectiva. Analizaremos cómo los agentes pueden aprovechar las redes sociales, sitios web y publicidad en línea para llegar a un público más amplio y diverso, a continuación, revisaremos alguna de las

### ●Redes sociales:

Es inevitable ignorar el absoluto éxito que ha tenido las redes sociales en el negocio del Real Estate. Al igual que el resto de las industrias, se entienden como un fenómeno que vino para democratizar los medios de comunicación, pero también crear un ambiente único de empoderamiento entre los usuarios que les permite ser más comprometidos con el uso y con el consumo. Las redes pueden incluso hacernos cambiar nuestra personalidad, nuestra conducta y hasta nuestra forma de ver la vida. Esto es bueno, pero que tal, si contrario a lo bueno, también podemos demostrar que es malo, porque si no tenemos la fuerza mental necesaria para enfrentarnos a estos fenómenos tecnológicos podríamos terminar siendo víctimas del consumo.

Se requiere fuerza mental para entender que el mejor uso de las redes es para la creación de contenido y no para el consumo. Hay muchas redes sociales que en la actualidad te pueden ayudar a promover de manera eficiente, siendo Instagram una de las más efectivas; sin embargo, no todo el mundo pensará igual que yo en este sentido y es que mientras más te adentras en este mundo más te vas a dar cuenta de que cada red social tiene un nicho o público y cada público va a requerir una estrategia distinta, pero con un mismo enfoque.

Hay quienes apuestan a otras redes como TikTok o YouTube, todas buscando como generar más engagement con el público y/o seguidores. Igualmente utilizando sus algoritmos como estrategia de alcance, pero sobre todo enfocados en los atributos personales que puede tener quien está creando el contenido, ya que el mismo es tan importante cuando se trata prospección orgánica. En ese sentido la recomendación es evaluar las redes de los expertos que están teniendo resultados y poner en práctica las estrategias que ellos están desarrollando. Por supuesto que es importante aprender, implementar, evaluar cuánto tiempo estás invirtiendo en cada red social. Luego, tomar notas y valorar los efectos.

- **El impacto de las redes sociales en la promoción de bienes raíces.**

En la era digital actual, las redes sociales han emergido como una herramienta esencial para promocionar diversos negocios, y la industria de bienes raíces no es una excepción.

Estas plataformas no solo brindan un espacio para la interacción social, sino que también se han convertido en un canal fundamental para la promoción y venta de propiedades. En este fragmento del capítulo, pretendimos explorar la importancia de las redes sociales en la promoción del negocio de bienes raíces, las plataformas más relevantes para esta industria, estrategias efectivas, la problemática del consumo excesivo y la necesidad de considerar expertos en marketing digital.

Las redes sociales, con su alcance global y capacidad para dirigirse a audiencias específicas, ofrecen a los agentes de bienes raíces una plataforma única para promocionar propiedades y establecer conexiones con posibles compradores. Plataformas como Facebook, Instagram, Twitter y LinkedIn permiten compartir imágenes, videos y contenido informativo sobre propiedades en venta. Además, el uso de hashtags y palabras clave facilita la búsqueda de propiedades por parte de posibles compradores interesados.

Entre las principales redes sociales para la industria de bienes raíces, destacan Facebook, Instagram, TikTok, YouTube.

Facebook, con su amplia base de usuarios y opciones de segmentación, es ideal para la promoción local y para establecer relaciones con la comunidad. Instagram, por su parte, permite mostrar visualmente las propiedades de manera atractiva y creativa, captando la atención de potenciales compradores que buscan inspiración.

Dentro de las estrategias más efectivas en el uso de redes sociales para la promoción de bienes raíces, podemos mencionar:

**• Potenciando la conversión a través del contenido visual atractivo en redes sociales.**

El contenido visual atractivo es un elemento esencial en el proceso de promoción en redes sociales, en el negocio de bienes raíces, especialmente cuando se trata de la difusión en redes sociales. Compartir imágenes y videos de alta calidad de las propiedades en venta no solo es una práctica común, sino que es una estrategia efectiva para captar la atención de posibles compradores y brindarles una experiencia inmersiva.

En este argumento, es importante destacar cómo el conocimiento del algoritmo de cada red social puede ser una herramienta valiosa para optimizar la difusión del contenido visual y aumentar las posibilidades de conversión.

**• El poder del contenido visual en la conversión**

Compartir imágenes y videos de alta calidad de las propiedades en venta va más allá de simplemente mostrar una imagen estática. Estos medios visuales permiten a los posibles compradores tener una experiencia virtual de la propiedad, explorando cada rincón y visualizando sus características y aspectos más destacados. Esta experiencia inmersiva despierta el interés y la imaginación del cliente potencial, llevándolo un paso más cerca de considerar la compra.

• **Redes sociales: plataformas estratégicas para el contenido visual**
Las redes sociales, con su alcance masivo y la capacidad de compartir contenido de manera rápida y sencilla, son plataformas ideales para mostrar contenido visual atractivo. Sin embargo, no basta con simplemente publicar imágenes y videos en línea.

Cada red social tiene su propio algoritmo que determina qué contenido se muestra en el feed de los usuarios. Conocer estos algoritmos y aprovecharlos de manera efectiva puede marcar una gran diferencia en la visibilidad y el alcance de las publicaciones.

• **Optimizando el contenido para algoritmos de redes sociales**
La clave para optimizar el contenido visual en redes sociales es comprender cómo funciona el algoritmo de cada plataforma. Por ejemplo, tribunas como Facebook e Instagram favorecen el contenido visual de alta calidad y el contenido que genera engagement.

Utilizar imágenes y videos de alta resolución, así como interactuar con los comentarios y las interacciones, puede aumentar la visibilidad de las publicaciones. Además, el uso de hashtags relevantes en plataformas como Instagram y Twitter puede ampliar el alcance a una audiencia más desarrollada.

• **Transferencia estratégica de conocimientos de algoritmos.**
El conocimiento de los algoritmos de redes sociales puede ser una herramienta poderosa al transferir información. Comprender qué tipo de contenido resuena con la audiencia en cada plataforma y adaptar el contenido visual en consecuencia puede maximizar el impacto. Por ejemplo, en Instagram, donde las historias tienen una alta visibilidad, puedes crear

historias interactivas que muestren características únicas de las propiedades puede generar un mayor compromiso.

- **Transformando visualización en conversión.**

En resumen, el contenido visual atractivo desempeña un papel crucial en la conversión en el negocio de bienes raíces, especialmente en redes sociales. Compartir imágenes y videos de alta calidad brinda una experiencia inmersiva que atrae a los posibles compradores. Sin embargo, el conocimiento de los algoritmos de redes sociales es lo que lleva esta estrategia al siguiente nivel.

Comprender cómo funcionan estas plataformas y adaptar el contenido visual en consecuencia puede aumentar la visibilidad y el alcance, convirtiendo la visualización en conversión. En un mundo digital donde la competencia es feroz, es imperativo implementar estrategias de mercadeo con propósito, el contenido visual bien ejecutado y optimizado puede marcar la diferencia en la mente de los compradores y acelerar el proceso de conversión en el mercado inmobiliario.

- **Historias y recorridos virtuales: transformando la experiencia de compra en el mundo inmobiliario.**

En el apasionante mundo de bienes raíces, las herramientas digitales y las innovaciones tecnológicas juegan un papel cada vez más crucial en el proceso de conversión. Uno de los recursos más poderosos en este sentido es el uso de "historias" en medios como Instagram y los recorridos virtuales en 3D. Estas funciones brindan una experiencia inmersiva inigualable a los posibles compradores, permitiéndoles explorar propiedades desde la comodidad de sus dispositivos y anticipar lo que les espera antes de visitar físicamente una propiedad. Este capítulo explora en detalle cómo las historias y los recorridos virtuales transforman la forma en que los compradores interactúan con las propiedades y aceleran el proceso de conversión.

- **Historias: una ventana a la propiedad en tiempo real.**

Las "historias" en plataformas de redes sociales como Instagram se ha convertido en una herramienta poderosa para compartir contenido de manera efímera pero impactante. Cuando se trata del negocio inmobiliario, las historias permiten a los agentes presentar propiedades de manera rápida y atractiva. A través de fotos y videos, los agentes pueden destacar las características más sobresalientes de una propiedad, desde la vista panorámica desde el balcón hasta los detalles elegantes en la cocina. Esta breve, pero llamativa visión ofrece a los posibles compradores una ventana instantánea a la propiedad, generando interés y despertando el deseo de conocer más.

- **Recorridos virtuales: explorando propiedades desde casa.**

Los recorridos virtuales han revolucionado la forma en que los compradores interactúan con las propiedades. Estas experiencias inmersivas permiten a los posibles compradores realizar un "paseo" por la propiedad desde la comodidad de su hogar.

Pueden explorar cada habitación, examinar los detalles arquitectónicos y tener una idea completa de la distribución del espacio. Esto no solo ahorra tiempo a los compradores, sino que también les permite descartar propiedades que no cumplen con sus requisitos antes de programar una visita física. Los recorridos virtuales en 3D son especialmente útiles en el mercado internacional, donde los compradores pueden estar en diferentes ubicaciones geográficas.

- **Creando una experiencia personalizada.**

La clave para el éxito de las historias y los recorridos virtuales radica en la habilidad para crear una experiencia personalizada y emocional. Los agentes pueden utilizar estas herramientas para contar una historia sobre la propiedad, resaltar su valor único y generar una conexión con los posibles compradores. Agregar narrativa y contexto a las historias y recorridos virtuales puede capturar la imaginación de los compradores y hacer que se sientan emocionalmente involucrados.

- **Acelerando el proceso de conversión.**

Las historias y los recorridos virtuales no solo brindan una experiencia visual excepcional, sino que también aceleran el proceso de conversión. Al permitir a los compradores explorar virtualmente una propiedad antes de la visita física, se aseguran que realmente estén interesados en la propiedad antes de invertir tiempo en una cita. Esto no solo ahorra tiempo a los compradores y agentes, sino que también aumenta las posibilidades de conversión, ya que los compradores que programan visitas después de un recorrido virtual suelen estar más calificados y comprometidos.

- **Una nueva dimensión en la conversión inmobiliaria.**

En resumen, las historias y los recorridos virtuales han añadido una nueva dimensión al proceso de conversión en el negocio de bienes raíces. Estas herramientas permiten a los compradores experimentar propiedades de manera inmersiva y emocional antes de la visita física, lo que agiliza el proceso de toma de decisiones y aumenta la probabilidad de cierre exitoso. Al aprovechar al máximo estas funciones, los agentes pueden captar la atención de los compradores, contar historias emocionantes y proporcionar una experiencia única que transforma la manera en que las propiedades son presentadas y adquiridas en el competitivo mundo inmobiliario.

- **Interacción y respuesta rápida: la clave para construir confianza y facilitar la conversión en bienes raíces.**

Responder a comentarios y mensajes de manera oportuna demuestra profesionalismo y atención al cliente. La interacción activa con los seguidores construye confianza y establece una relación más cercana, en el mundo acelerado de los bienes raíces, la interacción y la respuesta rápida juegan un papel crucial en el proceso de conversión.

Responder a comentarios y mensajes de manera oportuna va más allá de la mera cortesía; es un indicador de profesionalismo y atención al cliente. Sin embargo, esta interacción no se trata solo de cerrar ventas, sino de generar confianza y establecer relaciones sólidas con los posibles compradores desde el primer contacto. Este capítulo profundiza en cómo la interacción activa y la respuesta rápida no solo aceleran la conversión, sino que también sientan las bases para un cierre exitoso.

- **Interacción activa y construcción de confianza.**

Cada comentario y mensaje recibido en las plataformas de redes sociales es una oportunidad para construir confianza. Los posibles compradores están en busca de agentes que no solo ofrezcan propiedades, sino que también se preocupen por sus necesidades y preocupaciones.

Responder a los comentarios de manera amable y útil muestra que el agente está atento y dispuesto a brindar información y soluciones. Esta interacción activa demuestra un alto nivel de profesionalismo y establece una relación positiva desde el principio.

- **Más allá de la venta: generando confianza y recolectando Información.**

Es crucial que el enfoque en esta etapa no sea únicamente la venta inmediata, sino la generación de confianza y la recolección de información valiosa. Cada interacción es una oportunidad para comprender las necesidades específicas del cliente, sus preferencias y sus preocupaciones. Esta información puede ser considerable para personalizar las recomendaciones de propiedades y presentar soluciones que realmente resuenen con el cliente.

La inversión en tiempo y esfuerzo en la fase inicial puede dar sus frutos en el proceso de cierre y dar el debido reconocimiento a estas funciones en el proceso de promoción es lo que nos va a ayudar a obtener una mejor prospección del cliente, para esto la reina de las herramientas siempre será la llamada telefónica Inicial "El Poder de la Conversión"

- **Agilizando el proceso de conversión.**

La respuesta rápida a comentarios y mensajes es una manera efectiva de acelerar el proceso de conversión. Los posibles compradores valoran la prontitud y la atención que se les brinda. Una respuesta rápida no solo muestra compromiso, sino que también mantiene el interés del comprador fresco y evita que busquen otras opciones mientras esperan una respuesta. Esta agilidad puede marcar la diferencia entre un cliente que continúa explorando y uno que progresa rápidamente hacia el cierre.

- **Estableciendo una relación duradera.**

La interacción y la respuesta rápida no solo son herramientas para cerrar una venta, sino para establecer una relación duradera. Las interacciones iniciales positivas pueden sentar las bases para una relación de confianza a largo plazo. Los compradores que se sienten valorados y escuchados desde el principio son más propensos a elegir al agente como su socio en futuras transacciones. Una vez más, esto refuerza la importancia de generar confianza y construir relaciones sólidas desde el inicio.

- **La interacción como puente hacia el éxito.**

En resumen, la interacción activa y la respuesta rápida son piedras angulares en el proceso de conversión en el negocio de bienes raíces. Van más allá de la mera comunicación; son herramientas para construir confianza, recolectar información valiosa y establecer una relación sólida con los posibles compradores. Esta interacción establece el tono para todo el proceso de conversión y allana el camino hacia un cierre exitoso.

En un mundo donde la competencia es feroz, la interacción efectiva y la respuesta rápida pueden ser el puente que conecta a los compradores con su hogar ideal y lleva al agente al éxito en el competitivo mercado inmobiliario.

Sin embargo, es importante reconocer la problemática del consumo excesivo de redes sociales. Si bien estas plataformas son herramientas relevantes para la promoción de bienes raíces, el uso indiscriminado puede llevar a la dispersión de la atención y a una pérdida de tiempo que podría invertirse en actividades más productivas.

Por ello, incluso un agente con experiencia y éxito en la industria de bienes raíces debería considerar la contratación de profesionales en marketing digital. Estos expertos no solo pueden diseñar estrategias efectivas y específicas para las redes sociales, sino que también liberan al agente de la carga de tener que gestionar todas las tareas relacionadas con el marketing en línea. Esta colaboración estratégica permite a los agentes enfocarse en lo que mejor saben hacer: cerrar ventas y ofrecer un servicio excepcional.

En conclusión, las redes sociales han revolucionado la forma que los agentes de bienes raíces promocionan propiedades y se conectan con posibles compradores. Sin embargo, es esencial encontrar un equilibrio entre su utilización y las actividades diarias. La contratación de expertos en marketing digital puede optimizar los esfuerzos de promoción y garantizar resultados efectivos en el competitivo mercado actual.

●**La estrategia de generación de leads de internet en el negocio de bienes raíces: fundamentos, herramientas y enfoque en equipo.**

En la actualidad, el mundo de los bienes raíces ha experimentado una transformación significativa gracias al poder de Internet. La estrategia de generación de leads en este ámbito se ha convertido en un pilar fundamental para alcanzar el éxito en un mercado altamente competitivo.

En esta parte de este capítulo necesariamente debo hacer un trabajo más profundo y así juntos exploramos tres aspectos cruciales de esta estrategia: la importancia de comprenderla en profundidad, las diferencias entre manejar leads en línea y prospectos tradicionales, y el enfoque en equipo para gestionar volúmenes sustanciales de leads.

● **Comprender la estrategia de generación de leads en profundidad.**

Antes de sumergirnos en la estrategia de generación de leads en línea, es esencial comprender sus fundamentos, pasos y términos específicos. La generación de leads se refiere a la captación de clientes potenciales interesados en los productos o servicios que ofrece una empresa. En el contexto de bienes raíces, estos leads son individuos que expresan interés en la compra, venta o alquiler de propiedades.

Los pasos clave de esta estrategia incluyen la identificación de nichos de mercado, la creación de contenido relevante y valioso para atraer leads, la optimización de sitios web y plataformas digitales para la captación de información de contacto, y el uso de tácticas de seguimiento y nutrición de leads. Conocer los términos como "conversión", "embudo de ventas", "call-to-action" y "lead scoring" es esencial para evaluar eficazmente los resultados de la estrategia y realizar ajustes necesarios.

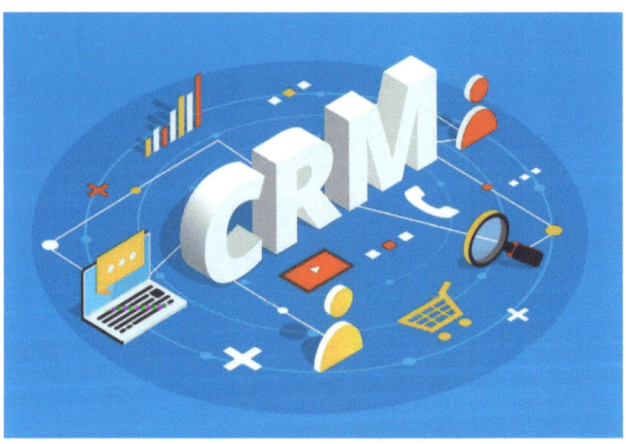

● **Diferencias entre el manejo de leads en línea y prospectos tradicionales.**

Es importante para el lector entender que el manejo de leads de internet difiere significativamente del manejo de prospectos tradicionales. Mientras que en el pasado las interacciones solían ser más personales y locales, la generación de leads en línea amplía la audiencia potencial a nivel global. Esto implica el empleo de herramientas tecnológicas actuales, como los sistemas CRM (Customer Relationship Management), para organizar, seguir y gestionar los datos de los leads de manera eficiente.

Además, es crucial destacar que el manejo de leads en línea implica lidiar con una gran cantidad de emociones y sentimientos por parte de los leads. La búsqueda de propiedades conlleva expectativas, sueños y preocupaciones, y es tarea del profesional de bienes raíces manejar estas emociones con empatía y profesionalismo.

- **Enfoque en equipo para gestionar volúmenes sustanciales de leads.**

A medida que la estrategia de generación de leads en línea se enfoca en captar un alto volumen de posibles clientes, es imperativo reconocer que el crecimiento y el desarrollo no pueden ser individualistas. El éxito de esta estrategia radica en la creación y gestión de un equipo sólido y colaborativo. Cada miembro del equipo debe estar capacitado para utilizar las herramientas tecnológicas adecuadas, comprender las necesidades cambiantes del mercado y abordar las emociones de los leads de manera efectiva.

En conclusión, la estrategia de generación de leads en el negocio de bienes raíces es un componente esencial en la era digital actual. Comprender sus fundamentos, diferencias en comparación con los métodos tradicionales y la importancia de un enfoque en equipo puede marcar la diferencia entre el éxito y el estancamiento en este competitivo sector. Con la combinación adecuada de conocimientos, herramientas y habilidades emocionales, los profesionales de bienes raíces pueden navegar por las complejidades de la generación de leads en línea y construir relaciones sólidas con clientes potenciales en todo el mundo.

- **Preparando el terreno en la promoción.**

Este primer pilar trata de establecer las bases. A medida que exploramos las estrategias tradicionales y modernas, es crucial comprender que la adaptación es esencial para el éxito continuo en el mercado inmobiliario cambiante, este proceso de adaptación requiere que seamos conscientes de lo que debemos hacer y cómo debemos enfrentarnos a eso, siendo sincero y hasta este punto lo que debemos entender es que las estrategias van a requerir mitad herramientas tecnológicas y la otra mitad las capacidades humanas que debe aplicar

En este final de capítulo quiero invitarte a hacer una reflexión personal en función de reconocer cuáles son tus debilidades y tus fortalezas en el proceso de promoción de tu negocio y que pudiste recoger de este capítulo que te pueda ayudar a mejorar en tu trabajo o incluso en tu vida personal:

_____
_____
_____
_____
_____
_____
_____
_____
_____
_____
_____
_____
_____
_____
_____
_____
_____
_____
_____
_____
_____
_____
_____
_____

Al terminar tu reflexión escanea el código QR y envía una foto de tus resultados y te vamos a contactar para analizar contigo estos resultados

## CAPÍTULO 2:
# Prospectar

**Prospección y calificación de clientes en el negocio de bienes raíces: La llamada inicial y más allá.**

En el dinámico mundo de los bienes raíces, la prospección y calificación de clientes se alza como un proceso crucial para el éxito de cualquier agente, en este capítulo exploramos en profundidad cómo un agente de bienes raíces puede manejar conversaciones efectivas en la búsqueda de clientes interesados en la compra de una casa, destacando la importancia de la llamada inicial, la habilidad para entablar charlas espontáneas y la utilización estratégica de un CRM para aumentar la tasa de conversión.

- **La llamada inicial: el punto de partida de la conversión.**

La llamada inicial por vía telefónica se erige como el punto de partida del proceso de conversión. En este momento, el agente de bienes raíces debe demostrar su profesionalismo y capacidad para escuchar y entender las necesidades del cliente potencial. La empatía y la atención al detalle son esenciales para forjar una relación positiva desde el principio.

El agente debe hacer preguntas abiertas y específicas sobre las preferencias del cliente en cuanto a ubicación, tipo de propiedad, número de habitaciones y presupuesto. Además, es importante aclarar si el cliente está en el proceso de búsqueda activa o simplemente recopilando información en esta etapa. La información recopilada en esta llamada sentará las bases para el seguimiento y la calificación del cliente.

●**Conversaciones espontáneas: el arte de la conexión personal.**

Un agente de bienes raíces extraordinario no solo se limita a las conversaciones formales. La habilidad de entablar charlas naturales y espontáneas con personas en la calle o en eventos locales puede abrir puertas inesperadas. Preguntas como "¿Cómo es tu experiencia viviendo en esta zona?", o "¿Tienes algún plan de cambiar de vivienda en el futuro?", pueden revelar oportunidades para entablar conversaciones más profundas sobre bienes raíces. La autenticidad y la capacidad de generar confianza son clave en este aspecto.

●**Preguntas tácticas para detectar el momento de compra:**

Identificar cuándo un cliente está en condiciones de comprar requiere sensibilidad y experiencia. Preguntas como "¿Tienes algún plazo en mente para mudarte?", o "¿Has explorado opciones hipotecarias?", pueden proporcionar pistas valiosas  sobre la seriedad y el nivel de preparación del cliente para realizar una compra. El agente debe estar atento a las señales emocionales y financieras que indican un compromiso real.

● **Uso estratégico de un CRM: elevando la tasa de conversión.**

Un CRM (Customer Relationship Management) es una herramienta esencial en el proceso de prospección y calificación. Permite al agente registrar y rastrear todas las interacciones con los clientes potenciales, lo que facilita un seguimiento más efectivo y personalizado. Además, un CRM puede automatizar recordatorios y tareas de seguimiento, lo que garantiza que ningún cliente se quede sin atención.

- **Aumento de la tasa de conversión: el siguiente pilar de éxito.**

La tasa de conversión, es decir, la proporción de clientes potenciales que se convierten en compradores reales, es el pilar que define el éxito en la prospección. Un agente de bienes raíces hábil en la calificación y seguimiento de leads a través de un CRM tiene más probabilidades de incrementar esta tasa. La combinación de habilidades comunicativas, empatía y tecnología avanzada marca la diferencia en la capacidad de cerrar negocios.

En resumen, la prospección y calificación de clientes en el negocio de bienes raíces requieren una mezcla de habilidades comunicativas, empatía, y el uso estratégico de herramientas como las llamadas iniciales, las conversaciones espontáneas y los sistemas CRM. El agente que puede establecer una conexión genuina, entender las necesidades cambiantes del cliente y aprovechar la tecnología para una gestión eficiente tendrá una ventaja significativa en el competitivo mundo inmobiliario.

- **Preparando el terreno en la prospección:** la cosecha de relaciones a través de las habilidades de comunicación, ciertamente es ese segundo pilar, se trata de cultivar relaciones y maximizar las oportunidades de prospección, ser astuto y estar atento son algunas de las habilidades que se requiere para desarrollar este pilar adicional a estas habilidades se encuentra la disposición de ser apasionado el trabajo y por la comunicación estas requieren de una entrega total. Las personas pueden notar cuando tú eres apasionado por lo que haces y esa emoción podría cambiar el rumbo de una conversación hasta llevar a la persona a tomar la decisión que desde hace tantos años estaba tratando de tomar, ser un agente de bienes raíces extraordinario.

No solo se ve, también se siente, se percibe, el agente apasionado refleja optimismo, hace sentir esperanza, crea confianza y genera seguridad. Con lo dicho, solo queda distinguir cómo la tecnología puede ser una aliada valiosa, pero nunca debe reemplazar la importancia de las conexiones personales.

*Considera tomar las siguientes notas en este capítulo.*

¿A la hora de prospectar un cliente cuales son las tres preguntas claves que te van a ayudar a determinar si el cliente califica para comprar una propiedad?

En que estatus crees que se encuentra el prospecto y cual sería tu objetivo:

_____
_____
_____
_____
_____
_____
_____
_____
_____
_____
_____
_____
_____
_____
_____
_____
_____
_____
_____
_____
_____
_____.

Al terminar tus respuestas, escanea el código QR, envíanos el resultado y te vamos a contactar para analizarlos contigo.

# CAPÍTULO 3:
# Convertir

**Transformando interés en oportunidades de cierre.**

En el entorno dinámico del negocio de bienes raíces, la conversión juega un papel vital al convertir el interés inicial de los prospectos en considerables oportunidades de cierre. Este capítulo explora en detalle el proceso de conversión en este contexto, resaltando su posición como el segundo paso en la secuencia y el inicio de un sistema integral que exige habilidades, astucia y dedicación.

- **El segundo paso clave del proceso.**

La conversión, situada como el segundo paso en el proceso de ventas de bienes raíces, marca la transición entre la llamada inicial y la cita con el cliente potencial. En este punto, el agente ha logrado captar la atención del prospecto durante la llamada telefónica y ha conseguido establecer una base para el seguimiento. La conversión es el momento crítico en el que se transforma el interés inicial en una oportunidad real de cierre.

- **Desde la cita hasta la conquista.**

Una vez obtenida la cita, se inicia un sistema integral que requiere habilidad y astucia. Durante la cita, el agente debe demostrar sus capacidades profesionales y su comprensión de las necesidades del cliente.

Es primordial escuchar con atención y hacer preguntas estratégicas para identificar el tipo de inmueble que busca el cliente, sus condiciones financieras y los requisitos necesarios para calificar. No se trata de que seamos y actuemos como oficiales de préstamos hipotecarios, pero sí debemos tener la capacidad de poder determinar cuándo un potencial cliente está apto para calificar para un préstamo hipotecario o si requiere de un plan para iniciar el proceso de preparación.

Este es un aspecto esencial de este paso, puesto que, no todos los leads son convertibles a corto plazo. En este sentido, es importante destacar que nuestra habilidad de conversión también debe requerir la asesoría necesaria para ubicar el lead en la posición adecuada dentro del sistema de conversión.

●**Habilidades requeridas para la conversión exitosa.**
La conversión exitosa demanda una combinación de habilidades adquiridas que abarcan una variedad de aspectos cruciales. En primer lugar, el agente debe tener la capacidad de leer entre líneas y descifrar las señales no verbales del cliente. Más allá de las palabras que se expresan, a menudo las expresiones faciales, el tono de voz y el lenguaje corporal transmiten valiosa información sobre las necesidades y deseos reales del cliente. Estas señales sutiles pueden proporcionar pistas esenciales para personalizar la experiencia y presentar propuestas que resuenen con el cliente de manera auténtica.

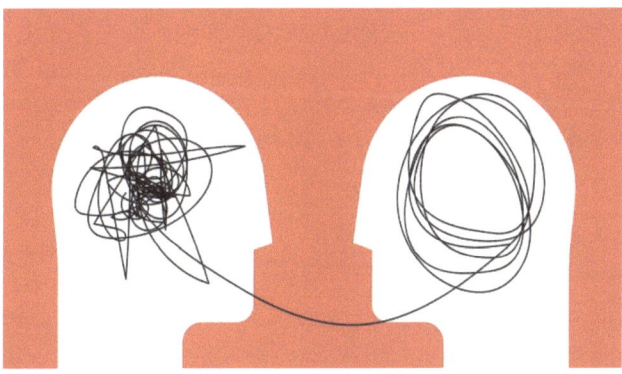

Empatía, en este contexto, es una destreza fundamental. El agente debe ponerse en los zapatos del cliente, comprender sus preocupaciones y aspiraciones, y demostrar un sincero interés por ayudar a alcanzar sus objetivos. Esta conexión genuina va más allá de la mera transacción comercial, estableciendo las bases para una relación de confianza duradera. Los clientes valoran a los agentes que no solo buscan cerrar una venta, sino que genuinamente se preocupan por satisfacer sus necesidades y brindarles una experiencia satisfactoria.

Parte del proceso de conversión es estar preparado para cualquier escenario. No todos los prospectos estarán listos para comprar de inmediato. Algunos podrían estar en las primeras etapas de exploración, mientras que otros pueden tener restricciones temporales o financieras. Tener en cuenta que cada individuo tiene su propio ritmo y momento para realizar una compra es esencial. El agente debe ser paciente y estar dispuesto a cultivar relaciones a largo plazo, manteniendo una comunicación constante y proporcionando información valiosa, incluso si la conversión no se materializa de inmediato.

Los datos obtenidos hasta la fecha arrojan una luz importante sobre la tasa de conversión en el contexto de leads de internet. Los expertos sugieren que una tasa de conversión promedio oscila entre el 2% y el 5%. Esta cifra pone de manifiesto la importancia de una estrategia bien planificada y ejecutada para optimizar el proceso de conversión. Sin embargo, una tasa de conversión superior al 10% se considera un logro significativo y denota un enfoque excepcionalmente efectivo en la prospección y en la capacidad del agente para conectar con los prospectos.

En resumen, la conversión exitosa en el negocio de bienes raíces se basa en la habilidad para interpretar señales no verbales, establecer empatía genuina, estar preparado para diversas situaciones y mantener una perspectiva a largo plazo. Los agentes exitosos entienden que cada interacción es una oportunidad de cultivar relaciones duraderas y brindar un servicio excepcional. La conversión no solo se trata de cerrar una venta, sino de construir una reputación sólida y satisfacer las necesidades cambiantes de los clientes en el apasionante mundo de los bienes raíces.

- **Dedicación y entrega total al trabajo de forma inteligente y organizada.**

La dedicación y la entrega total al trabajo son fundamentales para lograr una conversión efectiva. El agente debe estar dispuesto a invertir tiempo y esfuerzo en cada cliente, asegurándose de que se sientan valorados y comprendidos.

La atención personalizada y el seguimiento constante son elementos clave para mantener el interés del cliente y avanzar hacia el cierre, de manera que lo que queremos desarrollar en este punto es el enfoque porque nos hemos dado cuenta de que en el intrincado escenario del negocio de bienes raíces, la administración efectiva del tiempo se erige como una habilidad extraordinaria que marca la diferencia entre el éxito y el estancamiento.

Esta habilidad no solo se trata de gestionar tareas, sino de organizar y priorizar con precisión para lograr una conversión exitosa. En este sentido, la administración del tiempo es una herramienta crucial que permite a los agentes enfocarse en lo que realmente importa y avanzar hacia sus metas.

Crear calendarios o agendas de trabajo se convierte en un paso esencial en la ruta hacia la conversión. Estas herramientas proporcionan una estructura clara y permiten asignar tiempo adecuado a cada tarea.

Establecer prioridades en función de los objetivos es clave: desde la llamada inicial hasta el seguimiento y el cierre, cada etapa debe recibir la atención necesaria para asegurar una conversión efectiva. El enfoque en metas específicas y medibles es lo que dirige el flujo de trabajo y asegura que ningún detalle quede en el camino.

En esta búsqueda de eficiencia, es vital tener en cuenta tres pilares: enfoque, organización y constancia. El enfoque nos permite mantener nuestra atención en las tareas prioritarias, evitando distracciones que pueden desviar nuestro tiempo y energía. La organización nos brinda la estructura necesaria para ejecutar cada paso del proceso de conversión de manera ordenada y sistemática. Sin embargo, quizás el pilar más crucial sea la constancia.

La constancia en la administración del tiempo y en el proceso de conversión es lo que verdaderamente lleva al éxito. La famosa frase "no debe ser perfecto, debe ser constante hasta que salga perfecto" resuena de manera poderosa en este contexto. Los resultados no se obtienen de la noche a la mañana; requieren esfuerzo continuo y dedicación constante.

La constancia permite superar los obstáculos, ajustar la estrategia según los resultados y mantener una presencia constante en la mente del cliente potencial.

En resumen, la administración efectiva del tiempo es la columna vertebral de la conversión exitosa en el negocio de bienes raíces. La organización a través de herramientas como calendarios y agendas es esencial para priorizar y ejecutar tareas de manera estratégica.

Enfocarse en metas claras, ser organizado y, sobre todo, ser constante son los ingredientes clave para conquistar la conversión. En un mundo donde la competencia es feroz y las oportunidades son efímeras, la constancia se convierte en el factor que hace posible transformar prospectos en clientes satisfechos y cierres exitosos.

- **Utilización estratégica del CRM y conquista del cliente.**

Un sistema eficiente no estaría completo sin la utilización estratégica de un CRM. El agente debe registrar cada interacción, detalle y necesidad del cliente en la plataforma para garantizar un seguimiento efectivo. Además, la conquista del cliente implica construir una relación a largo plazo. Las notas y recordatorios en el CRM facilitan mantener una comunicación constante y personalizada.

- **Aprovechamiento estratégico del CRM: potenciando la conquista del cliente en bienes raíces.**

La utilización estratégica de un CRM (Customer Relationship Management) es un elemento vital en la conquista exitosa de clientes en el mundo de los bienes raíces. Este capítulo explora en profundidad la importancia de las tareas complementarias en el uso del CRM, resaltando la necesidad de registrar datos precisos, conocer las campañas y entender la herramienta como un aliado fundamental en la conversión.

- **Tareas complementarias y potencial del CRM.**

Un sistema eficiente no se trata solo de implementar un CRM, sino también de aprovecharlo al máximo. Las tareas complementarias, como crear notas detalladas sobre las interacciones con los clientes y sus necesidades, juegan un papel esencial. Estas notas no solo proporcionan información histórica valiosa, sino que también permiten un seguimiento coherente y personalizado.

Con cada interacción registrada, el agente puede abordar las inquietudes y expectativas del cliente de manera más precisa, fortaleciendo la relación y aumentando las posibilidades de conversión.

- **Conocer las campañas y datos relevantes.**

Un agente de bienes raíces debe conocer y entender las campañas en curso. Un CRM bien configurado puede permitir el rastreo de campañas específicas dirigidas a ciertos segmentos de clientes. Esto implica que el agente puede ofrecer información relevante y oportuna, basada en la etapa del proceso en la que se encuentra el cliente potencial. El conocimiento de las campañas permite una comunicación más coherente y muestra al cliente que el agente está al tanto de sus necesidades específicas.

### ●El CRM: una herramienta que requiere alimentación correcta de datos.

El éxito de un CRM radica en la calidad de los datos que contiene. Los agentes de bienes raíces deben comprender que el CRM no funciona automáticamente, sino que requiere la correcta alimentación de datos y la actualización constante. Datos inexactos o desactualizados pueden llevar a interacciones ineficaces o malentendidos con los clientes. Como tal, es crucial que los agentes se tomen el tiempo para ingresar y mantener información precisa y actualizada en el sistema.

### ●El CRM: aliado estratégico en la conversión.

El CRM, cuando es utilizado adecuadamente, se convierte en un aliado estratégico en la conversión de clientes. Es una herramienta que no solo facilita el seguimiento, sino que también permite establecer un enfoque proactivo y centrado en el cliente.

Un CRM bien gestionado puede proporcionar recordatorios automáticos para realizar seguimientos, enviar información relevante en el momento adecuado y mantener una comunicación constante. Todo esto se traduce en una experiencia personalizada y en la construcción de relaciones a largo plazo.

### ●Preparando el terreno en el arte de la conversión.

En resumen, el CRM en el negocio de bienes raíces es más que una simple herramienta; es un potenciador de conversiones extraordinarias. Su efectividad radica en la manera en que se alimenta de datos precisos y en cómo se usa para establecer relaciones sólidas con los clientes.

Los agentes de bienes raíces deben reconocer que un CRM con un operador capacitado es mucho más que una base de datos, es una fuente de información estratégica que puede impulsar la conquista de clientes y llevar a cierres exitosos. En un mundo donde la información y la comunicación son esenciales, el CRM se convierte en el corazón palpitante de la conversión efectiva y duradera en el negocio de bienes raíces.

Este tercer pilar se centra en convertir oportunidades en resultados tangibles. La combinación de habilidades tradicionales y herramientas tecnológicas puede marcar la diferencia en la efectividad de este proceso, si los capítulos anteriores se habían llenado de angustia y desesperación por no tener la seguridad de poder desarrollar los pilares anteriores, mi querido socio en este capítulo es donde vas a poder poner en práctica todo lo que has aprendido durante todos tus años en esta industria y es también el punto en el que los agentes de bienes raíces nuevos o con poca experiencia van a bajar la cabeza y decirte ENSEÑAME.

Trabajo de reflexión. Imagínate que un coach de los más costosos del mercado te consulta: ¿qué fue lo que más te impactó de este capítulo, y como crees tú que podrías superar estas dificultades? escríbelas aquí y te reto a conocer mejor esas dificultades, entenderlas y superarlas en un tiempo determinado ¿lo harías?

_____
_____
_____
_____
_____
_____
_____
_____
_____
_____
_____
_____
_____
_____
_____
_____
_____
_____
_____
_____
_____
_____
_____

Al concluir tu reflexión, escanea el código QR y envía una foto de tus resultados. Luego te contactaré para analizar contigo estos resultados.

## CAPÍTULO 4:
# Hacer Seguimiento

**Sostenimiento de relaciones a largo plazo**

En este último capítulo, exploraremos cómo mantener relaciones a largo plazo con los clientes. Veremos cómo mantenerse en contacto, brindar un servicio excepcional y cultivar la lealtad del cliente a lo largo del tiempo.

La diferencia entre un agente inmobiliario y un agente inmobiliario extraordinario radica, en muchas ocasiones, en un acto aparentemente simple: hacer seguimiento. El seguimiento va más allá de enviar un recordatorio o hacer una llamada, es la manifestación tangible de tu compromiso y pasión por tu labor.

●**Desde el inicio hasta el final (¡y más allá!).**

La primera conversación con un cliente potencial es solo el comienzo. Cada paso, desde esa charla inicial hasta el cierre de la venta e incluso después, merece ser acompañado con diligencia. La magia del seguimiento radica en convertir una venta en una relación duradera. Un cliente satisfecho no es solo un trato cerrado; es una puerta a innumerables oportunidades y referencias.

●**Tecnología: tu mejor aliado**

La era digital nos ha otorgado herramientas que facilitan y automatizan el seguimiento. Desde CRMs especializados hasta aplicaciones de recordatorios y gestión de tareas, la tecnología está ahí para asegurarnos de que ningún detalle quede al azar. Utilizarla es no solo una recomendación, sino una necesidad en el mundo moderno de los bienes raíces.

● **Las tendencias actuales en real estate.**

La revolución digital ha reconfigurado el mundo del real estate, y el seguimiento no ha sido la excepción. Los agentes de bienes raíces que se adelantan y adaptan a estas tendencias no solo sobreviven en esta era moderna, sino que prosperan con una ventaja competitiva inigualable.

- **La base de datos: tu activo más preciado**

El seguimiento eficaz es una mina de oro para acumular y refinar una base de datos robusta. En la actualidad, los agentes de bienes raíces no son solo vendedores; son curadores de información.

Cada interacción, cada conversación y cada venta se convierte en una oportunidad para enriquecer este recurso. Una base de datos bien gestionada permite personalizar el servicio, anticipar necesidades y establecer relaciones más profundas y duraderas con los clientes.

## HERRAMIENTAS POPULARES EN EL MUNDO DEL REAL ESTATE.

En el corazón de esta transformación tecnológica, algunas herramientas se destacan por su eficacia y popularidad:

- **KV CORE:** Este CRM se ha popularizado por su facilidad de uso y su capacidad para automatizar el proceso de seguimiento. Desde enviar correos electrónicos personalizados hasta generar informes detallados de interacción con clientes, KV CORE se ha convertido en el aliado perfecto para muchos agentes.

- **DigiSign:** En una era donde la agilidad es esencial, esta herramienta ha revolucionado la forma en que se firman y gestionan documentos. Permite a los agentes y clientes firmar contratos y otros documentos esenciales de forma digital, ahorrando tiempo y evitando retrasos.

La tecnología no es simplemente una herramienta; es el puente que conecta al agente moderno con las posibilidades infinitas del futuro. Aquellos que abrazan estas tendencias y las integran en su estrategia de seguimiento no solo están invirtiendo en su negocio, sino también en la promesa de relaciones más ricas y recompensas más grandes en el mundo del real estate.

En un mercado en constante evolución, la adaptabilidad y la anticipación son las claves del éxito duradero.

- **Lo tradicional y lo auténtico nunca pasa de moda.**

A pesar del poder de la tecnología, la humanidad y el toque personal jamás debe quedar en segundo plano. Una nota escrita a mano, una llamada ocasional solo para preguntar cómo están, o un pequeño obsequio pueden marcar la diferencia. La autenticidad construye confianza, y la confianza construye lealtad.

- **Actitud: la piedra angular del éxito.**

Sin embargo, por encima de todas las herramientas, tradicionales o tecnológicas, se alza un elemento que define el verdadero éxito: la actitud. Una actitud positiva, proactiva y genuinamente interesada en el bienestar del cliente convierte el seguimiento en una experiencia transformadora. No se trata solo de asegurar la próxima venta, sino de celebrar cada logro, aprender de cada obstáculo y valorar cada relación.

La actitud correcta te hace ver no como un simple agente, sino como un aliado. Y cuando te conviertes en un aliado para tu cliente, te conviertes en su primera opción para referir a familiares, amigos y conocidos.

- **Automatización y personalización del seguimiento.**

Aprenderemos cómo la automatización inteligente puede ayudar a los agentes a hacer un seguimiento más eficiente y personalizado. Desde recordatorios automáticos hasta el uso de correos electrónicos y mensajes personalizados, la tecnología puede impulsar la lealtad y la satisfacción del cliente.

- **La trayectoria del éxito incesante.**

El cuarto pilar se trata de mantener el impulso y establecer una base sólida para el crecimiento a largo plazo. La tecnología puede ser la herramienta clave para mantenerse conectado y continuar brindando un servicio excepcional.

### ● Preparando el terreno para el seguimiento.

El arte de hacer seguimiento es, en esencia, el arte de cultivar relaciones. En un mundo inundado de transacciones rápidas y conexiones superficiales, el agente de bienes raíces extraordinario se destaca por su capacidad para conectar, cuidar y crecer junto a sus clientes. Así, no solo construyes una carrera exitosa, sino también un legado de confianza y excelencia en el mundo inmobiliario.

### ● La evolución del agente de bienes raíces extraordinario.

A medida que concluimos este libro, es evidente que el agente de bienes raíces extraordinario es aquel que integra de manera armoniosa las estrategias tradicionales con las nuevas tecnologías. Reconocemos la importancia de adaptarnos, controlar nuestras emociones y abrazar el aprendizaje constante.

Cada pilar nos lleva a un estado mental propicio para el éxito en esta era de cambio y transformación. Al dominar estos cuatro pilares, nos transformamos en agentes de bienes raíces extraordinarios, capaces de prosperar en el mercado actual y futuro.

¿Te gustaría hacer una pausa en este punto del libro? y desarrollar un ensayo donde puedas destacar cuáles fueron tus más gratas experiencias haciendo seguimiento a clientes cerrados y definir, ¿Cuál es importancia de hacer sentir a la gente atendida y querida?

Al terminar tu reflexión, escanea el código QR, envíame una foto de tus resultados y te contactaré para analizarlos

# Destacados

**Red.** Un agente inmobiliario extraordinario debe tener una amplia red de contactos en el mercado inmobiliario, incluyendo otros agentes, prestamistas, tasadores y abogados. Esta red puede ser invaluable para ayudar a los clientes a encontrar la propiedad adecuada, obtener un préstamo y completar la transacción.

**Habilidades de venta.** Un agente inmobiliario extraordinario debe ser un vendedor natural. Debe ser capaz de comunicar de manera efectiva con los clientes, construir relaciones de confianza y persuadirlos a tomar una decisión.

**Servicio al cliente.** Un agente inmobiliario extraordinario debe poner a sus clientes primero. Debe ser atento, servicial y siempre dispuesto a ir más allá.

**Si un agente inmobiliario puede dominar estos cuatro pilares, estará bien encaminado para tener una carrera exitosa en bienes raíces. Aquí hay algunos consejos adicionales para ser un agente inmobiliario extraordinario:**

- **Sé apasionado por los bienes raíces.** Si no estás apasionado por los bienes raíces, será difícil tener éxito en esta industria.

- **Sé un aprendiz permanente.** La industria inmobiliaria está en constante cambio, por lo que es importante mantenerse actualizado sobre las últimas tendencias y regulaciones.

- **Sé organizado y eficiente.** Un agente inmobiliario exitoso debe ser organizado y eficiente para poder manejar múltiples transacciones al mismo tiempo.

- **Sé persistente.** No todos los acuerdos se cerrarán, pero es crucial ser persistente y nunca rendirse.

**Si puedes seguir estos consejos, estarás bien encaminado para convertirte en un agente inmobiliario extraordinario.**

Los agentes inmobiliarios deben tener un amplio conocimiento del mercado de esta rama, así como de las leyes y regulaciones que rigen la compra y venta de propiedades. También deben estar familiarizados con la terminología y los procesos involucrados en una transacción inmobiliaria.

A continuación, se presentan algunos de los conocimientos que debe tener un agente inmobiliario:

•**Conocimiento del mercado inmobiliario:** el agente inmobiliario debe tener un buen conocimiento del mercado inmobiliario en el que opera, incluyendo las tendencias actuales, los precios de las propiedades y la oferta y demanda. Esto le permite ofrecer información precisa a sus clientes y tomar decisiones informadas.

•**Conocimiento de las leyes y regulaciones:** el agente inmobiliario debe estar familiarizado con las leyes y regulaciones que rigen la compra y venta de propiedades. Esto incluye las leyes de contratos, las leyes de hipotecas y las leyes de bienes raíces.

•**Conocimiento de la terminología inmobiliaria:** el agente inmobiliario debe estar familiarizado con la terminología inmobiliaria utilizada en el mercado. Esto incluye términos como "precio de venta", "precio de lista", "cuota de corretaje" y "cierre".

•**Conocimiento de los procesos de compra y venta:** el agente inmobiliario debe estar familiarizado con los procesos de compra y venta de propiedades. Esto incluye los pasos involucrados en la búsqueda de una propiedad, la oferta de una propiedad, la aceptación de una oferta y el cierre de una transacción.

**Además de los conocimientos mencionados anteriormente, los agentes inmobiliarios también deben tener algunas habilidades y cualidades clave, como:**

•**Comunicación:** los agentes inmobiliarios deben ser buenos comunicadores. Deben poder comunicarse de manera efectiva con sus clientes, otros agentes y otros profesionales del mercado inmobiliario.

•**Negociación:** los agentes inmobiliarios deben ser buenos negociadores. Demandan poder negociar los mejores precios posibles para sus clientes.

•**Organización:** los agentes inmobiliarios deben ser organizados. Deben poder manejar múltiples transacciones al mismo tiempo y mantener un buen registro de los documentos y la información.

- **Servicio al cliente:** los agentes inmobiliarios deben estar enfocados en el servicio al cliente. Deben ser capaces de poner a sus clientes primero y satisfacer sus necesidades.

# Glosario de Términos

# A

- **Actividades:** acciones y tareas realizadas para promover y vender propiedades en el negocio de bienes raíces.
- **Adaptación:** la capacidad de ajustarse y cambiar según las demandas cambiantes del mercado inmobiliario.
- **Agente de Bienes Raíces:** persona encargada de promover y vender propiedades, con enfoque en estrategias de conversión efectivas.
- **Algoritmo:** conjunto de reglas y procesos utilizados por las redes sociales para determinar qué contenido se muestra a los usuarios.
- **Anuncios en periódicos:** estrategia tradicional de promoción que implica publicar anuncios en periódicos y revistas para atraer posibles compradores.
- **Atención al cliente:** ofrecer un servicio excepcional y responder a las necesidades y preocupaciones de los posibles compradores para construir confianza.
- **Audiencia:** grupo de personas que podrían estar interesadas en las propiedades o servicios ofrecidos en el mercado inmobiliario.

# B

- Boca a boca: estrategia de promoción que implica recibir recomendaciones personales de clientes satisfechos, lo que genera confianza y credibilidad.

# C

- **Call-to-action:** término empleado en marketing para referirse a una invitación o instrucción que anima a los usuarios a tomar una acción específica, como hacer clic en un enlace.
- **Carteles en propiedades:** estrategia que involucra la colocación de carteles informativos en las propiedades en venta o alquiler para atraer la atención de posibles compradores.
- **Certeza:** creencia y confianza en uno mismo y en las propiedades o servicios que se promocionan.
- **Colaboración en equipo:** trabajar conjuntamente con otros profesionales en bienes raíces para manejar volúmenes sustanciales de leads y mejorar la eficacia.
- **Competencia feroz:** intensa rivalidad y desafío en el mercado inmobiliario para atraer y convertir leads en ventas.
- **Compromiso:** participación activa y dedicación a la promoción y venta de propiedades.
- **Conexiones personales:** relaciones cercanas y auténticas establecidas con posibles compradores y vendedores en el mercado inmobiliario.
- **Confianza:** creencia en la capacidad y profesionalismo del agente de bienes raíces, generada a través de interacciones y comunicación efectiva.
- **Contenido visual atractivo:** imágenes y videos de alta calidad utilizados

para captar la atención y el interés de los posibles compradores en las redes sociales.
- **Conversaciones espontáneas:** habilidad de entablar charlas naturales con personas en la calle o en eventos locales para revelar oportunidades para entablar conversaciones más profundas sobre bienes raíces.
- **CRM (Customer Relationship Management):** herramienta que permite registrar y rastrear todas las interacciones con los clientes potenciales, lo que facilita un seguimiento más efectivo y personalizado.

# D
- **Diferencias:** comparación de cómo se manejan los leads en línea y los prospectos tradicionales en el negocio inmobiliario.

# E
- **Embudo de ventas:** proceso en el cual los leads se convierten gradualmente en clientes a medida que avanzan a través de diferentes etapas del proceso de compra.
- **Empatía:** capacidad de ponerse en el lugar del cliente y entender sus necesidades y deseos.
- **Empoderamiento:** capacitación y empoderamiento de los usuarios en las redes sociales, permitiéndoles crear y consumir contenido de manera activa.
- **Enfoque en equipo:** trabajar en colaboración con otros miembros del equipo para administrar y manejar eficazmente una gran cantidad de leads.
- **Engagement:** interacción y participación activa de los usuarios con el contenido en redes sociales.
- **Estrategia de generación de leads:** plan diseñado para captar y convertir leads en posibles compradores o vendedores en el mercado inmobiliario.
- **Experiencia inmersiva:** sentimiento de estar completamente involucrado en la exploración de una propiedad a través de contenido visual de alta calidad.

# F
- **Facebook:** plataforma de redes sociales utilizada para promover propiedades y establecer conexiones con posibles compradores en el mercado inmobiliario.
- **Folletos y volantes:** materiales impresos enviados por correo tradicional para llegar a propietarios y posibles compradores con información sobre propiedades en venta.

# G
- **Generación de leads:** captación de posibles compradores o vendedores interesados en las propiedades o servicios ofrecidos en el mercado

inmobiliario.

## H
- **Hashtags:** etiquetas usadas en las redes sociales para categorizar y facilitar la búsqueda de contenido relacionado.
- **Herramientas tecnológicas:** plataformas digitales y sistemas empleados para gestionar, organizar y promover propiedades en línea.

## I
- **Instagram:** plataforma de redes sociales empleada para compartir contenido visual atractivo y promover propiedades de manera efectiva.
- **Interacción:** comunicación activa y bidireccional con los seguidores en las redes sociales para construir relaciones sólidas y generar confianza.
- **Internet:** medio digital empleado para generar leads, promover propiedades y construir relaciones en el negocio inmobiliario.

## L
- **Lead scoring:** método de calificación de leads basado en su nivel de interés y probabilidad de conversión en ventas.
- **LinkedIn:** plataforma de redes sociales empleada para establecer conexiones profesionales y promocionar servicios en el mercado inmobiliario.
- **Llamada inicial:** punto de partida del proceso de conversión en el que el agente de bienes raíces debe demostrar su profesionalismo y capacidad para escuchar y entender las necesidades del cliente potencial.

## M
- **Manejo de leads:** gestión y seguimiento de leads generados en línea para convertirlos en clientes potenciales en el mercado inmobiliario.
- **Marketing digital:** estrategias y tácticas empleadas en línea para promocionar propiedades y servicios en el negocio de bienes raíces.
- **Mensajes:** comunicación privada y directa con seguidores y posibles compradores en plataformas de redes sociales.
- **Mercado inmobiliario:** industria que involucra la compra, venta y alquiler de propiedades y viviendas.
- **Metadatos:** información descriptiva asociada a las propiedades y utilizada para mejorar la visibilidad en línea y la búsqueda.

## N
- **Nichos de mercado:** segmentos específicos del mercado inmobiliario que tienen necesidades y características particulares.

## O

- **Online:** en línea, refiriéndose al uso de internet y plataformas digitales para promover y vender propiedades.
- **Optimización:** proceso de mejorar y ajustar sitios web y plataformas digitales para maximizar la captación de información de contacto de leads.

## P

- **Personalización:** adaptar el contenido y las interacciones para satisfacer las necesidades y preferencias específicas de cada lead.
- **Plataformas digitales:** sitios web y aplicaciones empleados para promocionar propiedades, interactuar con posibles compradores y gestionar leads en línea.
- **Profesionalismo:** actuar de manera ética y competente al promocionar y vender propiedades en el mercado inmobiliario.
- **Propiedades:** bienes inmuebles, como casas, apartamentos y terrenos, que se compran, venden o alquilan en el mercado inmobiliario.
- Prospección de clientes: conjunto de técnicas para generar nuevos clientes a partir de diversas técnicas.

## R

- Redes sociales: plataformas en línea usadas para conectar, interactuar y compartir contenido con posibles compradores en el mercado inmobiliario.
- Relaciones en línea: conexiones y comunicación establecidas con posibles compradores y vendedores a través de plataformas digitales.
- Respuestas rápidas: comunicación ágil y oportuna con los posibles compradores para brindar información y resolver sus preguntas.
- Resultados medibles: logros y éxito en la generación de leads y ventas que se pueden cuantificar y evaluar.

## S

- **Sitio web:** plataforma en línea que contiene información sobre propiedades, servicios y datos de contacto para posibles compradores.
- **Snapchat:** plataforma de redes sociales utilizada para compartir contenido efímero y promocionar propiedades de manera creativa.
- **Software de gestión de relaciones con el cliente (CRM):** herramienta utilizada para administrar y rastrear las interacciones y la información de los clientes y leads.
- **Storytelling:** arte de contar historias convincentes para involucrar a los posibles compradores y vendedores en el mercado inmobiliario.

## O

- **Online:** en línea, refiriéndose al uso de internet y plataformas digitales para promover y vender propiedades.
- **Optimización:** proceso de mejorar y ajustar sitios web y plataformas digitales para maximizar la captación de información de contacto de leads.

## P

- **Personalización:** adaptar el contenido y las interacciones para satisfacer las necesidades y preferencias específicas de cada lead.
- **Plataformas digitales:** sitios web y aplicaciones empleados para promocionar propiedades, interactuar con posibles compradores y gestionar leads en línea.
- **Profesionalismo:** actuar de manera ética y competente al promocionar y vender propiedades en el mercado inmobiliario.
- **Propiedades:** bienes inmuebles, como casas, apartamentos y terrenos, que se compran, venden o alquilan en el mercado inmobiliario.
- Prospección de clientes: conjunto de técnicas para generar nuevos clientes a partir de diversas técnicas.

## R

- Redes sociales: plataformas en línea usadas para conectar, interactuar y compartir contenido con posibles compradores en el mercado inmobiliario.
- Relaciones en línea: conexiones y comunicación establecidas con posibles compradores y vendedores a través de plataformas digitales.
- Respuestas rápidas: comunicación ágil y oportuna con los posibles compradores para brindar información y resolver sus preguntas.
- Resultados medibles: logros y éxito en la generación de leads y ventas que se pueden cuantificar y evaluar.

## S

- **Sitio web:** plataforma en línea que contiene información sobre propiedades, servicios y datos de contacto para posibles compradores.
- **Snapchat:** plataforma de redes sociales utilizada para compartir contenido efímero y promocionar propiedades de manera creativa.
- **Software de gestión de relaciones con el cliente (CRM):** herramienta utilizada para administrar y rastrear las interacciones y la información de los clientes y leads.
- **Storytelling:** arte de contar historias convincentes para involucrar a los posibles compradores y vendedores en el mercado inmobiliario.

## T

- **Tácticas:** acciones específicas implementadas como parte de la estrategia de generación de leads en línea.
- **Tecnología:** herramienta que puede ser una aliada valiosa, pero nunca debe reemplazar la importancia de las conexiones personales.
- **Tecnología emergente:** nuevas y avanzadas herramientas tecnológicas usadas para mejorar la promoción y venta de propiedades.
- **Tendencias:** cambios y evoluciones en el mercado inmobiliario y las estrategias de generación de leads en línea.
- **Twitter:** plataforma de redes sociales empleada para compartir actualizaciones rápidas y promocionar propiedades en el mercado inmobiliario.

## V

- **Valor:** beneficios y características atractivas de las propiedades y los servicios ofrecidos en el mercado inmobiliario.
- **Ventas:** proceso de persuadir y convertir leads en posibles compradores y cerrar acuerdos en el mercado inmobiliario.
- **Video marketing:** estrategia que implica el uso de videos para promocionar propiedades y servicios en el mercado inmobiliario.

## Y

- **YouTube:** plataforma de intercambio de videos utilizada para promocionar propiedades y compartir contenido relevante con posibles compradores.

# Epílogo

En este libro, hemos viajado juntos a través de los mundos de experiencia de diversos agentes de bienes raíces, desde los veteranos con más de 20 años en el negocio hasta los recién llegados a la industria.

A lo largo de esta travesía, hemos destacado la importancia de los cuatro pilares fundamentales **(PROMOVER - PROSPECTAR- CONVERTIR - HACER SEGUIMIENTO)** que hacen a un agente de bienes raíces, no solo exitoso, sino extraordinario: competencia técnica, habilidades interpersonales, ética profesional y adaptabilidad.

Hemos explorado cómo estas competencias se ven y se aplican desde diferentes perspectivas, teniendo en cuenta factores como la edad, la experiencia y la familiaridad con las herramientas tecnológicas.

Hemos examinado cómo estos pilares no solo son cruciales para el éxito en el ámbito profesional, sino también en el ámbito personal.
Ser extraordinario, como hemos visto, es una decisión personal. No importa la edad, la raza o las creencias, se trata más bien de una actitud ante la vida y ante los desafíos que esta nos presenta.

Es la decisión de levantarse después de cada caída, de aprender de cada error, de crecer con cada experiencia y de esforzarse continuamente por ser la mejor versión de uno mismo.

En resumen, ser un agente de bienes raíces extraordinario no es solo cuestión de tener el conocimiento técnico y las habilidades necesarias, sino también de cultivar una actitud positiva, ética y adaptable. Es la decisión de comprometerse con la excelencia, no solo en nuestro trabajo, sino en todas las áreas de nuestra vida.

Como autor y coach, he dedicado años de esfuerzo para desarrollar este trabajo y compartir estos insights contigo. Mi esperanza es que, al leer este libro, no solo hayas adquirido conocimientos valiosos, sino también la inspiración y la motivación para esforzarte por ser extraordinario en todo lo que haces.

Si sientes que este es el camino que deseas seguir y que necesitas orientación y apoyo adicionales, te invito a considerar mis servicios de coaching. Juntos, podemos extraordinario es una elección. Y la elección es tuya.trabajar para desarrollar tus habilidades, superar tus desafíos y ayudarte a alcanzar tus metas, tanto profesionales como personales.

Gracias por acompañarme en este viaje. Recuerda, ser extraordinario es una elección. Y la elección es tuya.

Aquí estamos, al final de nuestro viaje, pero recuerda, este es solo el comienzo de tu camino hacia la extraordinariedad. ¡Buena suerte!

www.ingramcontent.com/pod-product-compliance
Lightning Source LLC
Chambersburg PA
CBHW041404090426
42743CB00006B/147